AF522754

Max Feigenwinter

Jeder Tag ist dir geschenkt

Dankbar leben

LIEBE LESERIN, LIEBER LESER

Ich erinnere mich noch gut an meinen ersten Kontakt mit Martin Schmeisser, einem der Verlagsgründer des Verlags am Eschbach. Er stellte mir sein Haus vor und bot mir an, ein Geschenkheft mit ihm zu veröffentlichen. Ich freute mich. Bis zu jenem Moment hatte ich vorwiegend zu didaktischen und pädagogischen Themen geschrieben. Gerne war ich bereit, und schon bald erschien *Dieser Tag ist dir geschenkt*. Das Heft hat sich in mehreren Ausgaben und Auflagen 120.000 mal verkauft. Ein Riesenerfolg.

Der Verlag zeigte Interesse an einer weiteren Zusammenarbeit. So erschienen in 30 Jahren knapp 50 Geschenkhefte, Minis, Adventskalender und Bücher mit einer Gesamtauflage von 630.000 Exemplaren.

Durch die Veröffentlichungen sind viele Kontakte entstanden. Ich wurde zu Lesungen und Referaten eingeladen. Besonders freut es mich, wenn mir Leserinnen und Leser schreiben, was ihnen diese Texte bedeuten, warum sie ihnen wichtig sind.

Der Alltag bietet viel Stoff. Im Zusammensein mit Menschen erlebe ich, was sie berührt, fordert; was sie brauchen und was ihnen hilft, wonach sie sich sehnen. Ich schreibe, was ich erlebe, versuche, dies mit einfachen Worten zu sagen; freue mich, wenn ich so anregen kann.

Zu meinem 80. Geburtstag erscheint dieses Buch mit Texten aus sämtlichen Werken. Ich danke allen Mitarbeiterinnen und Mitarbeitern im Verlag ganz herzlich, aber auch all meinen Leserinnen und Lesern, die mich während der vielen Jahre unterstützt, mir Impulse gegeben, mich motiviert und begleitet haben.

Max Feigenwinter

Ich spüre Sehnsucht – ist wohl die wesentlichste Aussage in Deinem literarischen Schaffen; Sehnsucht nach Menschsein, nach Beziehung, nach Sinn.

Spürbar ist dies in den didaktisch-pädagogischen Texten, in denen Du neue Lehrformen vermitteltest im Bereich der Kommunikation. Damit hast Du in uns Lehrenden die Sehnsucht geweckt zu ganzheitlichen Lehrformen, die Schulen in Lebensschulen umgestaltet. Ohne Deine Impulse hätten wir Ordensfrauen es in den achtziger Jahren nie gewagt, mit den Lernenden im Kreis auf dem Boden zu sitzen und zu diskutieren.

Deine Texte umfassen alle Lebensthemen; sie fordern, bewegen, berühren, sind lebensbereichernd. Sie verbinden Himmel und Erde mitten im Alltag. Du nimmst die Lesenden mit auf den persönlichen Entwicklungsweg.

Ich kann Deine Texte nicht nur lesen, ich muss sie meditieren, sie im Herzen tragen, denn sie verlangen Veränderung, Wachstum. Die Texte zum Älterwerden, zum Abschied des Lebens stimmen besinnlich und motivieren, der eigenen Endlichkeit bewusst zu begegnen.

Erstaunlich ist, wie Deine Texte sich durch Musik und Kunst verdichten. Denken wir nur an die Adventskalender oder an die frühmorgendlichen Meditationen mit Text und Musik in der Natur. Wohltuend und dankbar ist in Deinen Texten die Sehnsucht zu erkennen, wie du als thomasischer Zweifler den Weg der Glaubenssuche gehst, der Dein Sein und Wirken prägt.

Mein Dank klingt aus in Deinen Worten:

Ich träume von Menschen,
die auf die Stimme des Herzens hören,
Träume und Visionen ernst nehmen
und ihrer Sehnsucht vertrauen.

Sr. Elisabeth Müggler

Inhaltsverzeichnis

Jeder Tag ist dir geschenkt

Vom Glück zu leben

Jeden Tag erhalten wir 1440, nicht Euros; 1440, die wir auf keine Bank bringen; 1440, die nicht irgendwo zinsbringend angelegt und gespart werden können. Es sind 1440 Minuten, die wir nutzen, sinnvoll einsetzen, verantwortungsvoll gestalten sollen. Die Tage sind uns geschenkt, eine Gabe, die uns hoffentlich viel Freude macht, die wir genießen dürfen; manchmal aber auch eine Auf-Gabe, die uns fordert, von uns etwas verlangt, was wir uns bisher nicht haben vorstellen können.

An keinem Morgen, auch wenn wir noch so gut geplant haben, wissen wir mit Sicherheit, was der Tag uns bringt. Viele Tage laufen ab wie die meisten anderen: Wir gehen zur Arbeit, erfüllen unsere Pflichten, treffen Menschen, die wir schon oft getroffen haben, sind schließlich zufrieden, dass alles wie gewohnt abgelaufen ist. Diese Tage fordern nichts Besonderes, und wir machen auch nichts Besonderes. Sie sind buchstäblich alltäglich, gewöhnlich. Es liegt an uns, ob wir aus gewöhnlichen Tagen besondere, wertvolle Tag machen.

Wenn wir das Positive wahrnehmen; die kleinen Wunder sehen; wenn wir sehen, dass wir mit unseren Möglichkeiten Gutes tun, Freude machen können; wenn wir mit wachen Sinnen auf unsere Mitmenschen zugehen, tragen wir dazu bei, dass die Welt durch uns ein bisschen besser wird.

Dieser Tag ist dir geschenkt,
nimm ihn dankend an:
mit all den Begegnungen,
die dich Neues erleben lassen;
mit all den Worten,
die dich bestärken;
mit all den Überraschungen,
die dich erfreuen;
mit all den Fragen,
die dich fordern;
mit all den Aufgaben,
die dir deine Grenzen zeigen;
mit all den Möglichkeiten,
die sich dir bieten;
mit all den Zweifeln,
die dich verunsichern;
mit all dem Schönen,
das dich bereichert,
mit all den Impulsen,
die dich aufrütteln.

Dieser Tag ist dir geschenkt,
es ist dein Tag,
nimm ihn dankend an.

Heute kann ein neuer Anfang sein,
wenn wir ruhig werden,
uns selbst zuhören,
wahrnehmen, was wir wünschen,
was wir brauchen,
was wichtig und wesentlich ist.

Heute kann ein neuer Anfang sein,
wenn wir aufeinander zugehen,
uns zeigen, wie wir sind:
stark und verletzlich;
wenn wir unsere Wünsche darlegen
und unsere Bedürfnisse anmelden.

Heute wird ein neuer Anfang sein,
wenn wir an uns glauben,
uns ernst nehmen
und wachsen lassen,
was in uns angelegt ist.

Ich will nicht zulassen,
dass mich
Verpflichtungen behindern,
Gebote einengen,
Aufgaben ersticken,
Forderungen erdrücken.

Ich will wach sein:

mir Zeit lassen,
mir Raum gönnen;

Sorge tragen zu dem,
was in mir angelegt ist;

behutsam pflegen,
was in mir wächst;

bereit und stark werden für das,
was auf mich zukommt;

mich ausrichten auf das,
was letztlich wichtig ist.

Ich will werden,
was ich sein kann.

Wir können unserem Leben nicht mehr Tage, aber unseren Tagen mehr Leben geben.

Wir kennen diesen Satz. Doch den Tagen mehr Leben geben, das ist gar nicht so einfach. Viele Menschen nehmen das Gute und Schöne, das sie umgibt, gar nicht wahr, obwohl sie es schön haben und glücklich sein wollen. Das Positive sehen und auskosten kann aber heilsam sein: „Es fördert Gesundheit und Lebensfreude, Zufriedenheit, Selbstwert und Wohlbefinden, verbessert unsere Achtsamkeit, Gelassenheit und Konzentration, lässt uns freundlicher und beziehungsreicher agieren." (Andreas Huber)

Auf das Gute schauen können wir jeden Tag üben. Es geht darum, dass wir uns entsprechend einstellen, das Positive wahrnehmen, uns daran erfreuen, mit anderen darüber sprechen, es vielleicht auch aufschreiben. Manchmal kann es gut sein, uns an Positives zu erinnern. Kleine Symbole können dabei helfen, schöne Ereignisse nicht zu vergessen. Manchmal ist es aber auch so: Wir bemühen uns jeden Tag, gute Arbeit zu leisten, Gutes zu tun. Doch es wird von niemandem gesehen oder anerkannt. Wir dürfen uns dann selbst auf die Schultern klopfen und uns sagen: „Das habe ich gut gemacht, ich freue mich."

Lassen wir uns Zeit, wenn wir Schönes erleben. Ein Spaziergang am Morgen kann uns Kraft für den ganzen Tag schenken.

Gönnen wir uns

jedes Jahr
den Sonnenmonat;

jeden Monat
die Sonnenwoche;

jede Woche,
den Sonnentag;

jeden Tag
die Sonnenstunde

und jede Stunde
einige Minuten,

die ganz und gar
uns selbst gehören.

Ein neuer Tag.
Was bringt er mir?
Auch wenn manches geplant ist,
bleibt vieles offen:
Was wird mich fordern,
was erfreuen oder beglücken?
Was oder wen brauche ich,
und wer braucht mich?
Viele Fragen am Anfang dieses Tages.

Ich will mich bereit machen,
mir Zeit lassen,
mich wahrnehmen,
wahrnehmen, wie ich mich fühle,
was mich stärkt und ermutigt,
was mich freut und was mich bedrückt,
was ich mir zumuten und was ich lassen muss.

Ich nehme an, was ist,
stehe zu meinen Schwächen
und freue mich meiner Stärken;
nehme mir, was ich brauche,
damit ich den Aufgaben gewachsen bin;
gebe auf mich acht und setze Grenzen,
bevor ich mich verliere.

Ein neuer Tag,
gestärkt breche ich auf,
bereit für neue Erfahrungen.
Ich werde mich freuen an dem, was gelingt
und annehmen, dass manches nicht gelingt;
danken für diesen Tag,
den ich bewusst leben und gestalten darf.

Diesem Tag Sinn geben,
ihn verantwortungsvoll gestalten,
diesen Tag meines Lebens,
der niemals wiederkehrt.

Dieser Stunde Sinn geben,
sie nutzen für mich und andere,
diese Stunde meines Lebens,
die niemals wiederkehrt.

Diesem Augenblick Sinn geben,
ihn so intensiv leben wie nur möglich,
diesen Augenblick meines Lebens,
der niemals wiederkehrt.

Es ist gut,

auch wenn nicht alles gehört wird,
was ich sage;

nicht alles gesehen wird,
was ich mache;

nicht alles gelingt,
was ich plane;

wenn ich nicht alles bekomme,
was ich mir wünsche;

nicht immer geschätzt wird,
wenn ich mich bemühe;

nicht alles wächst,
was ich pflanze.

Es ist gut,
wenn ich annehme, was ist,
das Positive sehe und mich freue
an dem, was gelingt.

Dankbar sein

für die Aufforderung,
Gewohntes loszulassen;

für den Mut,
Neues zu wagen;

für die Kraft,
unterwegs zu bleiben;

für die Einsicht,
dass nicht alles gelingen kann;

für Erfahrungen,
die bereichern;

für Begegnungen,
die uns fördern;

für die Widerstände,
an denen wir wachsen.

Dankbar sein für dieses Leben,
das uns geschenkt ist.

Das Gute sehen

Auch wenn ich
die richtigen Worte wieder nicht finde,
den geeigneten Zeitpunkt verpasse;

auch wenn
manches nicht wächst,
schon bald verkümmert;

auch wenn
trotz großer Bemühung
vieles nicht gelingt, der Erfolg ausbleibt:

Ich werde nicht aufgeben,
rechne mit Fehlern und Mängeln,
bei mir, bei uns allen.

Ich will das Positive sehen,
mich an Fortschritten freuen,
Erfolge von Mitmenschen anerkennen,
dankbar sein für dieses Leben.

Ich glaube,
dass in uns selbst steht,
was Leben wirklich ist,
wie wir es gestalten,
wie wir es erhalten können.

Ich glaube,
dass wir neuen Sinn finden,
wenn wir unseren Träumen glauben,
für unsere Visionen einstehen,
unserer Sehnsucht folgen.

Ich glaube,
dass es uns aufgegeben ist,
miteinander aufzubrechen,
das Wesentliche zu tun
und einfach zu sein.

Ich glaube, dass unser Leben göttlich wird,
wenn wir aufeinander zugehen,
einsetzen, was wir haben,
entfalten, was angelegt ist.

Im Hier und Jetzt

Gelassen bleiben, achtsam sein

Am Anfang dieses Tages
Zeit für mich selbst nehmen,
mich wahrnehmen,
Gedanken und Gefühle zulassen,
ohne Wenn und Aber annehmen, was ist.

Am Anfang dieses Tages
mich einstellen auf das, was geplant ist:
Arbeiten, die Mühe machen,
Begegnungen, die beglücken,
Gespräche, die fordern.

Am Anfang dieses Tages
bereit werden für Unvorhergesehenes:
Nachrichten, die erschüttern,
Bitten, die überraschen,
Fragen, die verunsichern.

Am Anfang dieses Tages
Ja sagen zu mir,
zu den Wünschen und Bedürfnissen,
zu den Grenzen und Möglichkeiten,
Ja zu allem, was geschieht.

Am Anfang dieses Tages
vertrauen,
hoffen,
dankbar sein für dieses Leben.

SICH ZEIT LASSEN

Wir leben in einer Zeit, da vieles immer schneller gehen muss. Es scheint, schneller sei auch besser. In immer weniger Zeit muss immer mehr produziert werden. Kinder müssen schneller lernen. Zeit ist Geld, und Geld ist wichtig. Wie oft hören wir den Satz „Ich muss noch schnell …!“ Tatsächlich müssten wir uns doch fragen: „Wer sagt denn, dass ich muss? Wer sagt, dass ich schnell muss? Was gewinnen wir, wenn wir dauernd hetzen?“

Oft ist es schwierig, sich der Hetzerei zu entziehen. Mahatma Gandhi sagte einmal: „Es gibt Wichtigeres im Leben, als beständig dessen Geschwindigkeit zu erhöhen.“

Ich bemühe mich, vieles langsamer zu machen, dann und wann langsam zu gehen, und ich erlebe, dass ich mehr sehe und Dinge höre, die ich sonst gar nicht wahrnehme. Ich mache mehr Pausen, halte inne, nehme wahr, was um mich ist, was in mir ist. Ich spüre, was ich mir zumuten kann und wann ich Grenzen setzen muss, wenn ich mich selbst nicht verlieren will.

Dann und wann
das Tempo verlangsamen,
anhalten,
ruhig wahrnehmen, was um uns ist,
was uns schützt, bedroht, erfreut,
fordert, fördert;
uns neu einstellen und ausrichten.

Dann und wann
das Tempo verlangsamen,
anhalten,
sich hinsetzen und setzen lassen,
was sich in uns bewegt.

Dann und wann
das Tempo verlangsamen,
anhalten,
aus unserer Tiefe Bilder aufsteigen lassen,
dankbar sein und sehen,
was sie uns zeigen wollen,
wohin sie uns weisen.

Anhalten,
stehen bleiben,
hören,
wenn jemand ruft;
sehen,
wenn jemand leidet;
helfen,
wenn es jemand braucht.

Anhalten,
mich einsetzen, damit
das Vertrauen größer
und das Leid kleiner wird:
Menschlichkeit wächst.

Nicht die Hektik des Alltags,
der Lärm der Stadt,
das Rauschen der Geschwindigkeit,
das Blinken der Leuchtreklame
lassen Neues wachsen.

Ich brauche Ruhe und Alleinsein,
Echtheit und Einfachheit,
das Gespräch mit Freunden,
das Staunen über Alltägliches,
wenn Neues werden soll.

Was uns hält und trägt

Gelassenheit, wenn
Vorstellungen nicht berücksichtigt,
Pläne nicht eingehalten,
Wünsche nicht ernstgenommen werden.

Einsicht, dass
Stürme notwendig sind,
Fehler neue Möglichkeiten eröffnen,
Widerstand zum Denken anregt,
in Krisen eine Chance liegt,
Sanftmut weiter führt als Gewalt.

Mut,
sich an Grenzen vorzutasten,
Möglichkeiten zu entfalten,
zu sagen, was zu sagen ist,
zu tun, was zu tun ist,
zu sehen, wie ich bin.

Glauben
an die Kraft, die in mir liegt,
an das Gute in dir,
an den Wert unseres Gesprächs,
an den Sinn des Lebens,
dass Liebe trägt.

Achtsam sein

Zufrieden
mit dem, was ich habe,
und dem, was ist;

gelassen,
wenn nicht alles gelingt
und manches abgelehnt wird;

offen
für Fragen von Mitmenschen
und ihre Bedürfnisse;

verbunden
mit zuverlässigen Freunden
und spontanen Kindern;

beschäftigt
mit schönen Aufgaben
und anspruchsvollen Forderungen;

begeistert
von einfühlsamen Menschen
und klaren Denkern;

bereit
für neue Ideen
und gemeinsame Vorhaben;

dankbar
für jedes gute Wort
und jede kleine Hilfe.

Jetzt
das Leise hören,
das Kleine sehen,
das Feine spüren,
das Nötige sagen.

Jetzt
einen Schritt wagen,
die Hand anbieten,
liebevoll fördern,
behutsam fordern.

Jetzt
wahrnehmen, was ist;
einsetzen, was ich kann,
dankbar sein,
Leben fördern.

Immer wieder innehalten, ruhig werden,
auf die Stimme des Herzens hören,

meine Wurzeln spüren,
die mich halten und nähren,

mich ausrichten auf das,
was letztlich wichtig ist,

dankbar sein für alles,
das mir geschenkt ist,

mich wehren gegen alles,
was mich einengt und behindert,

pflegen, was angelegt ist,
wachsen und reifen lassen,

dann die Früchte ernten
und mit anderen teilen.

Manchmal brauche ich

Ruhe und Stille,
damit ich mich wieder finden kann;

Menschen, die sagen, was sie fühlen und denken
und wohlwollend zuhören können;

zweifelnde und kritische Stimmen,
die meine Selbstsicherheit in Frage stellen;

verrückte Ideen und Impulse,
die an Selbstverständlichem rütteln;

Dank und Anerkennung,
die mich bestätigen und ermutigen;

Liebesworte und Zärtlichkeiten,
die meine Seele berühren;

und manchmal brauche ich es,
dass man mich braucht.

ZEIT NEHMEN

Es gibt Menschen, die nehmen sich für alles und alle Zeit. Sie finden immer Lücken im Terminkalender. Es ist erstaunlich, wie schnell sie sich auf neue Situationen einstellen; scheinbar immer geben und immer da sind. Andere staunen und fragen sich, wo sie ihre Grenzen haben. – Menschen können viel geben, wenn sie sich auch selbst nehmen, was sie brauchen.

Es wird erzählt: „Als der Meister einmal eine hochgestellte Persönlichkeit zur Meditation einlud, erhielt er die Antwort, er sei zu beschäftigt. Da sagte der Meister seinen Schülern: ‚Dieser Mann erinnert mich an einen Holzfäller, der Zeit und Kraft verschwendete, weil er mit einer stumpfen Axt arbeitet. Denn, so sagte der Mann erschöpft, er habe keine Zeit, die Schneide zu schärfen.'"

Ja, wir müssen immer wieder die Schneide schärfen. Das fängt damit an, dass wir uns Zeit nehmen für uns selbst.

Weniger tun,
weniger sagen,
Raum schaffen,
mir Zeit schenken,
sein,
einfach sein,
damit werden kann,
was angelegt ist.

Den Andern ernst nehmen
und auch sich selbst;
den Andern sehen
und auch sich selbst;
dem Andern Raum geben
und auch sich selbst;
den Andern verstehen
und auch sich selbst;
den Andern lieben
und auch sich selbst.

Ich erinnere mich, dass manche Ereignisse, die mich sehr bedrückten, im Nachhinein gar nicht mehr so schlimm waren. Vielleicht sind auch Dinge, die mir heute Mühe machen, morgen gar nicht mehr so belastend. Es ist allerdings nicht leicht, etwas nicht so schwer zu nehmen. Mit Humor geht manches besser, herzhaft lachen können tut gut. Und warum ist es eigentlich so negativ, leichtsinnig zu sein? Die folgende Geschichte zeigt wunderschön, was es heißt, gelassen zu reagieren:

Ein alter, reicher Chinese hatte nur noch drei Haare. Auf sie war er sehr stolz, und er ließ sich jeden Tag von seinem Friseur einen Zopf machen. Der Friseur machte seine Aufgabe sehr gerne, war er doch gut bezahlt. Obwohl er sich sehr viel Mühe gab, geschah eines Morgens das Missgeschick, zwei Haare fielen aus. Er erschrak und hatte große Angst, es seinem Meister zu sagen. Es blieb ihm aber nicht erspart. So rang er nach den richtigen Worten und befürchtete den Zorn des Meisters. Doch er staunte, als dieser ganz ruhig sagte: „Das macht nichts, ab morgen trage ich mein Haar offen."

Loslassen,
geschehen lassen,
zulassen,
was mir entspricht.

Geduld haben,
nicht drängen wollen,
vertrauen, dass geschieht,
was mir entspricht.

Innehalten,
still werden,
ruhig sein
und die Seele wachsen lassen.

Ich will meinen Weg gehen,
entfalten, was in mir angelegt ist,
feinfühlig wahrnehmen,
meinen Teil beitragen,
verantwortlich handeln,
mich Forderungen stellen,
das Schöne genießen,
jeden Tag leben
als wäre es der letzte.

Ich schließe die Augen,
werde ruhig,
fühle mich
getragen,
gehalten,
geborgen.

Gestärkt nehme ich an,
was auf mich zukommt,
was mich fordert.

Gelassen nehme ich an,
was mir nicht entspricht,
mir nicht gelingt.

Dankend sage ich Ja
für dieses Leben,
das mir geschenkt ist.

Keiner ist perfekt

Sich freuen an dem, was gelingt

Viele von uns haben von Kindheit an immer wieder gehört: „Gib dir Mühe! Sei nicht so schnell zufrieden! Du musst dich mehr einsetzen. Wer wirklich will, der schafft es." Und viele von uns haben diese Einstellung auch an ihre Kinder weitergegeben, besser zu arbeiten, mehr zu leisten, keine Fehler zu machen. Immer mussten wir aber erfahren, dass manches trotzdem nicht gelingt. Auch wenn wir uns noch so sehr bemühen, manches wird scheitern, nicht erfolgreich sein.

Das Zusammenleben von Menschen, sei es in der Familie, in Vereinen oder am Arbeitsplatz, wird menschlicher, wenn wir mit Fehlern rechnen; wenn wir nicht dauernd Perfektion erwarten. Natürlich bemühen wir uns, setzen uns ein, versuchen, den Ansprüchen zu genügen. Aber es tut uns wohler, wenn wir dabei in erster Linie den Fortschritt sehen, statt unseren Blick auf das zu richten, was fehlt.

Dazu fällt mir folgende Geschichte aus der Bibel ein. Da heißt es:

„Ein Bauer ging aufs Feld, um zu säen. Während er die Körner auswarf, fiel ein Teil davon auf den Weg. Da kamen die Vögel und pickten sie auf. Ein anderer Teil fiel auf felsigen Boden, wo es nicht viel Erde gab. Die Körner gingen schnell auf, weil sie nicht tief im Boden lagen. Aber als die Sonne hoch stand, wurden die Pflanzen verbrannt. Sie vertrockneten, weil sie keine tiefen Wurzeln hatten. Ein weiterer Teil fiel zwischen die Disteln. Die Disteln schossen hoch und erstickten die junge

Saat. Deshalb brachten sie keine Frucht. Aber ein anderer Teil fiel auf guten Boden. Sie gingen auf und wuchsen heran und brachten Frucht: Manche Pflanzen brachten dreißig, andere sechzig, andere sogar hundert Körner Frucht. Und Jesus sagte: Wer Ohren zum Hören hat, soll gut zuhören."

Ich bin fasziniert von den Gleichnissen. Wenn wir uns von ihnen ansprechen lassen, wenn wir sehen, dass diese Geschichten uns angehen, uns betreffen, werden wir immer wieder überrascht. Die Botschaft ist damals wie heute die gleiche: Es wächst nicht alles, auch wenn wir uns noch so sehr bemühen. Diese kleine Geschichte kann unendlich viel bewirken. Sie wird zu einer frohen Botschaft, wenn wir versuchen, diese Haltung zu leben: Wir setzen uns ein, wir geben uns Mühe. Wir freuen uns an dem, was gelingt, wissen aber sehr wohl, dass vieles nicht wächst, nicht gedeiht.

Ich kann sehen,
dass manches auf den Weg fällt,
von den Vögeln aufgepickt wird,
und traurig sein.

Ich kann sehen,
dass vieles auf steinigen Boden fällt,
keine Wurzeln schlägt,
und noch trauriger werden.

Ich kann sehen,
dass anderes unter die Dornen fällt,
nur verkrüppelt wächst,
und resigniert aufgeben.

Ich kann aber auch sehen,
dass manches wächst,
reife Frucht bringt,
... und mich daran freuen.

Wenn alles gelingen muss,
nur das Beste genügt
und nur das Vollständige zählt,
nur das Schönste anerkannt,
nur das Perfekte befriedigt
und nur das Vollkommene berücksichtigt wird,
machen wir einander das Leben schwer.

Wir werden viel erreichen,
zufrieden und glücklich sein,
wenn wir anerkennen, was ist,
statt auflisten, was fehlt;
wenn wir tun, was wir können,
statt fordern, was unmöglich ist;
wenn wir einander dankbar sind,
statt meinen, alles sei selbstverständlich.

Wir werden sehr viel erreichen,
alles haben, was wir brauchen,
alles erledigen können, was wir müssen,
wenn wir Ja sagen,
Ja zu unsern Fehlern und Mängeln,
und uns freuen an dem,
was gelingt.

Auch wenn
nicht alles wichtig ist,
was ich denke,

nicht alles gehört wird,
was ich sage,

nicht alles gesehen wird,
was ich mache,

nicht alles wächst,
was ich säe,

nicht alles Frucht bringt,
was ich pflege,

vieles nicht so gerät,
wie ich es für richtig halte,

mein Leben hat Sinn:

Ich will tun,
was ich kann,
meine Grenzen annehmen,
mich freuen an dem, was gelingt.

Was brauchen wir?

Tröstende Worte
statt laute Befehle;
wohlwollende Anteilnahme
statt vernichtender Kritik;
geduldiges Dasein
statt dauernder Geschäftigkeit;
gewährendes Loslassen
statt ängstliches Festhalten;
ermutigendes Fördern
statt unsinniges Fordern;
einfühlsames Verständnis
statt vorschnelles Urteilen;
liebevolle Unterstützung
statt distanziertes Zuschauen;
zärtliche Berührungen
statt hartes Durchgreifen.

Wir brauchen Menschen,
die zu uns Ja sagen,
obwohl wir nicht so sind,
wie sie uns haben wollen.

Ich habe Vertrauen zu dir.
Du siehst,
lässt mich aber selbst sehen.
Du hörst,
lässt mich aber selbst hören.
Du spürst,
lässt mich aber selbst spüren.
Du gehst,
lässt mich aber selbst gehen.
Du bist
und lässt mich sein.
Ich habe Vertrauen zu dir.
Du lernst
und versuchst nicht, mich zu belehren.
Du forderst dich
und suchst Wege, mich zu fördern.
Du lässt mich los,
damit ich mich bewähren kann.
Ich habe Vertrauen zu dir
und bin dankbar,
dass ich neben dir wachsen kann.

Ich will für dich da sein

dir den Raum geben,
den du zum Wachsen brauchst;

dir feinfühlig helfen,
damit du deinen Weg findest;

dich behutsam begleiten,
damit du unterwegs bleibst;

dich immer wieder bestärken,
damit du Hindernisse angehst;

dich ermutigen,
wenn du an dir zweifelst;

mit dir anpacken,
wenn du zu schwach bist;

dir immer wieder sagen,
dass du einzigartig bist.

Ich wünsche dir Mut
zu fragen,
wenn du nicht weiter weißt;

zu bitten,
wenn du etwas brauchst;

nein zu sagen,
wenn es zu viel wird;

abzugrenzen,
wenn du bedroht bist;

für dich einzustehen,
wenn du angegriffen wirst;

zu helfen,
wo Not ist;

zu wagen,
auch wenn du nicht ganz sicher bist;

unterwegs zu bleiben
trotz aller Zweifel;

zu sein
wie du bist.

Achte die anderen,
aber achte auch dich.

Hilf anderen,
aber überfordere dich nicht.

Gib anderen,
aber gib dich nicht auf.

Höre anderen zu,
aber nimm dir auch Zeit,
deine Wurzeln zu spüren.

Setze Grenzen,
damit du dich nicht verlierst.

Nimm dir, was du brauchst,
damit du stark bist,
immer öfter auch geben kannst,
ohne zu erwarten.

Ganz tief innen,
verschüttet unter Ablehnung,
Ironie und Sarkasmus
liegt noch Hoffnung begraben.

Ganz tief innen,
übel zugerichtet von Schlägen,
Vorschlägen und Ratschlägen
ist das geschundene Selbstwertgefühl.

Ganz tief innen,
verunstaltet von Vorurteilen,
Lieblosigkeit und Hass
ist verletztes Vertrauen.

Ganz tief innen,
verkrüppelt durch Verbote,
Beschränkungen und Behinderungen
ist noch Mut, zu leben.

Und zutiefst innen
unter der verschütteten Hoffnung,
dem übel zugerichteten Selbstwertgefühl,
dem verletzten Vertrauen,
dem verkrüppelten Lebensmut

ist die Sehnsucht, zu leben,
die trotz allem da ist,
wirkt und erstarkt,
wenn jemand kommt und Ja sagt,
bedingungslos Ja.

Auch sie gehören zu mir,

die Träume,
die ich nicht verstehe;

die Fantasien,
die mich verunsichern;

die Wünsche,
die unerfüllbar sind;

die Ängste,
die mich bedrohen.

Ich will sie ernst nehmen,
willkommen heißen,
ihnen Raum geben,
mit ihnen leben lernen.
Sie sind Teil von mir.

Ich will

die Früchte ernten,
die langsam gewachsen,

mich freuen an allem,
was mir geschenkt,

annehmen,
dass nicht alles gelungen,

still werden und staunen,
wie vieles gereift,

dankbar sein
für diese Fülle.

Ich will mich befreien
von Gewohnheiten,
die mich lähmen,

von Sicherheiten,
die mich einengen,

von Programmen,
die alles regeln,

von Zielen,
die mich überfordern,

von Aufgaben,
die mir nicht entsprechen,

von Ängsten,
die mich nicht wagen lassen.

Ich will offen sein
für das, was jetzt ist:

meine Möglichkeiten entfalten,
meine Fragen stellen,
meine Zweifel anmelden,
selbst entscheiden,
meinen Teil beitragen
und verantworten.

Sag Ja zu mir

Hör mir zu,
wenn ich etwas sagen will;

antworte mir,
wenn ich dich etwas frage;

hilf mir,
wenn ich dich brauche;

begleite mich,
wenn ich mich ängstige;

stütze mich,
wenn ich schwach bin;

ermutige mich,
wenn ich an mir zweifle;

lass mir Raum,
wenn ich stark bin;

setze mir Grenzen,
wenn ich mich überschätze;

sag Ja zu mir,
damit ich wachsen kann.

Wenn sich wieder bewegt,
was erstarrt war;

wieder gesagt wird,
was verschwiegen wurde;

wieder gesehen wird,
was verachtet wurde;

wieder gehört wird,
was übergangen wurde;

wieder gefühlt wird,
wo Kälte war;

wieder lebendig wird,
was tot geglaubt war,

dann ist das Wunder geschehen.

Wir sind alle Mitmenschen

Miteinander leben, füreinander da sein

Einander Mitmensch sein,
so aufeinander zugehen,
dass niemand Angst hat,
sich niemand verstecken,
zurechtbiegen und verbiegen,
etwas vortäuschen und vorspielen muss.

Einander so begegnen,
dass wir wagen zu sein,
wer wir zutiefst sind;
unsere Talente sehen und bejahen,
wachsen lassen, was angelegt ist;
annehmen, dass vieles nicht so ist,
wie wir es gerne hätten.

Einander ermutigen,
Geduld zu haben,
wenn manches nicht gelingt;
Fragen zu stellen,
wenn wir etwas nicht wissen;
Neues zu wagen,
auch wenn wir nicht ganz sicher sind.

Miteinander dankbar sein
für all das Schöne,
das uns geschenkt ist;
für die Aufgaben,
die uns gestellt sind,
und das Ungewisse,
das uns erwartet.

Miteinander und füreinander leben,
teilen und Anteil nehmen,
fragen und antworten,
helfen und heilen,
aufrichten und fördern,
unterstützen und ermutigen;
genießen und verantworten.

Es ist ein großes Geschenk,
mit Menschen zusammen zu sein,
die nicht darauf aus sind,
immer mehr zu haben,
sondern unterwegs sind zu sich selbst;

Menschen,
die das Wesentliche suchen,
entfalten wollen, was angelegt ist;

die aufeinander hören
und voneinander lernen wollen;

die aufeinander zugehen
und für Mitmenschen einstehen;

die ihre Gefühle zeigen
und so Offenheit ermöglichen;

die herzhaft lachen können
und Trauer verstehen;

die Herausforderungen annehmen
und an ihnen wachsen;

die das Leben genießen
und für jeden Tag dankbar sind.

Menschen, die wissen,
dass sie ihrem Leben nicht mehr Tage,
aber ihren Tagen mehr Leben geben können.

Ich wünsche uns Orte,
da Bemühungen gewürdigt,
Vorschläge angenommen,
Initiativen unterstützt,
Hilfen verdankt,
Fragen ernstgenommen
und Fortschritte anerkannt werden.

Ich wünsche uns Orte,
da das Gespräch gepflegt,
Empathie geschätzt,
Freiraum gewährt,
Entfaltung ermöglicht,
Selbstständigkeit gefördert
und Verantwortung übernommen wird.

Ich wünsche uns,
dass wir wohlwollend aufeinander zugehen,
verständnisvoll miteinander umgehen,
einfühlsam füreinander da sind,
so beitragen zu einer Atmosphäre,
da Positives wachsen
und Neues entstehen kann.

Ich will
einen Raum schaffen,
wo du auch zeigen kannst,
was nicht ganz gelungen ist;

wo du auch sagen kannst,
was nicht ganz durchdacht ist;

wo du fragen kannst,
was du nicht weißt.

Ich will einen Raum schaffen,
wo du wagen kannst,
ganz du zu sein.

Ich bin überzeugt,
dass Drohungen nicht befreien,
Waffen keinen Frieden bringen,
Unterdrückung niemandem hilft.

Ich bin überzeugt,
dass Härte keinen Streit löst,
Schweigen nicht weiter hilft,
Lügen alles erschwert.

Ich bin überzeugt,
dass wir miteinander Frieden schaffen,
wenn wir verstehend annehmen,
geduldig warten,
ruhig sprechen,
überlegt handeln,
großzügig vergeben,
neu beginnen.

Ich bin überzeugt,
dass Frieden wachsen kann,
durch dich,
durch mich,
durch uns.

Wir könnten es versuchen,
über den eigenen Schatten springen,

nachgeben statt nachtragen,
zuhören statt verhören,
anbieten statt verbieten,
fördern statt fordern;

die Türe öffnen,
miteinander reden und essen,
einander ernst nehmen und helfen,
füreinander da sein;

trotz allem neu anfangen,
vertrauen, dass es sich lohnt:
das Gute sehen statt Fehler zählen,
Brücken bauen statt Mauern erhöhen.

Über den eigenen Schatten springen,
es wäre ein großer Schritt!
Wir müssten ihn wagen,
würden einander näher kommen.

Wenn du und ich, wir alle
trotz
verschiedener Meinungen und Ansichten,
verschiedener Religion und Werte,
verschiedener Hautfarbe und Herkunft,
verschiedener Bedürfnisse und Wünsche,
verschiedener Absichten und Ziele
zusammensitzen,
einander helfen,
miteinander reden,
aufeinander hören,
voneinander lernen,
füreinander da sind,
geht manches leichter,
wird vieles schöner,
gelingt alles besser:

Es wird Neues möglich –
durch uns.

OHNE VERGEBUNG GEHT ES NICHT

Auch wenn wir uns noch so sehr Mühe geben, immer wieder kommt es zu Konflikten. Gründe dafür gibt es viele. Oft fühlen wir uns nicht verstanden oder ungerecht behandelt. Aus Enttäuschung oder Trotz zeigen wir selbst die Zähne, machen unserem Gegenüber deutlich, dass wir uns nicht alles gefallen lassen. Aus einer kleinen Sache wird dann oft eine handfeste Auseinandersetzung, die beide Seiten lediglich noch mehr verletzt.

Wir müssen damit rechnen, dass es dann und wann zu Zusammenstößen kommt. Wichtig ist, dass in solchen Situationen das Gespräch nicht abbricht oder zumindest bald wieder aufgenommen wird. Was nicht geklärt wird, bleibt unklar, wird sich bei nächster Gelegenheit wieder zeigen.

Oft tun wir uns allerdings schwer damit, den ersten Schritt zu tun. Wir erfahren dies immer wieder, obwohl wir wissen: Vergeben befreit.

Wir dürfen uns freuen, wenn es uns gelingt, auf unseren Mitmenschen zuzugehen, wenn wir ihm sagen können, dass wir bereit sind, alles wieder in Ordnung zu bringen.

Ich will

den ersten Schritt tun,
Distanz überwinden;

die Hand anbieten,
Kontakt ermöglichen;

das Schweigen brechen,
Brücken bauen;

dir in die Augen sehen,
meine Bereitschaft zeigen.

Deine Worte
bauen Brücken,
überwinden Klüfte,
schaffen Raum,
geben Halt,
zeigen neue Wege.

Deine Worte
wirken Wunder:
Ich wage wieder zu sagen,
was mich zutiefst betrifft.

Ich will so auf dich zukommen,
dass du keine Angst haben musst;

dich mit Worten ansprechen,
die befreien und ermutigen;

dir geduldig zuhören,
damit du sagen kannst, was dir wichtig ist;

mit dir still sein,
damit du hörst, was dein Herz sagt;

dir Zeit lassen,
damit reifen kann, was angelegt ist;

anerkennen, was du machst,
damit du an dich glaubst;

dir sagen,
was du mir bedeutest;

dich bestärken,
damit deine Zweifel schwinden;

dich aufmuntern,
damit du Schritte wagst;

für dich da sein,
wenn du nicht mehr magst;

dich in die Arme nehmen,
damit du geborgen bist;

dir Halt geben
wenn du es brauchst;

dich loslassen,
damit du dich bewähren kannst;

bei dir ehrlich und echt sein,
damit du wagst,
dein Leben zu leben.

Ich will verstehen lernen,
wer du wirklich bist:
zuhören statt verhören,
warten statt erwarten,
annehmen statt fordern.

Ich will verstehen lernen,
was du wirklich brauchst:
anerkennen statt kritisieren,
befreien statt einengen,
aufrichten statt unterdrücken.

Ich will für dich da sein:
mit dir gehen, wenn du dies willst,
dir helfen, wenn du es brauchst,
glauben, dass du deinen Weg kennst,
und verstehen,
wenn du ihn trotzdem
nicht gehen kannst.

Bleib dir treu

Erwarte nicht,
dass sich alle freuen,
wenn du sagst,
was du fühlst und denkst.

Erwarte nicht,
dass alle applaudieren,
wenn du tust,
was dir richtig scheint.

Erwarte nicht,
dass es keinen Widerstand gibt,
wenn du ganz du bist,
deine Überzeugung lebst.

Rechne damit,
dass es viel fordert,
trotz aller Anfechtungen
den eigenen Weg zu gehen.

Und doch:
Es ist die einzige Möglichkeit,
dir selbst treu zu bleiben
und glücklich zu werden.

Ich wünsche dir,
dass du immer mindestens
einen Menschen hast,
der für dich da ist,
der deine Möglichkeiten sieht,
dir zuhört,
dir zuspricht,
dich bestärkt,
dich unterstützt,
an dich glaubt,
selbst
wenn du an dir zweifelst.

Und ich wünsche dir,
dass du für mindestens
einen Menschen
dieser Mensch bist.

Jedes Wort,
das tröstet;
jeder Blick,
der ermutigt;
jede Geste,
die unterstützt;
jede Berührung,
die belebt;
jedes Verhalten,
das stärkt,
hilft,
dass Menschlichkeit wächst.

Du bist mir Licht

Vom Leben zu zweit

Miteinander erleben, dass
Blicke wärmen und Berührungen heilen,
Fragen weiter führen und Antworten anregen,
Zweifel heilsam sind und Geduld Neues ermöglicht,
Wohlwollen stärkt und Anerkennung fördert,
Vergebung erleichtert und Dank erfreut,
Vertrauen ermutigt und Humor beflügelt,
Stille erfüllt und Gespräche bereichern.
Miteinander erleben, dass
Leben wunderbar und Liebe göttlich ist.

Meine Seele erwacht,
wenn ich ganz still werde,
Liebesworte höre,
verständnisvoll angeschaut
und zärtlich berührt werde.

Meine Seele erwacht,
ich fühle mich angenommen,
geborgen und geliebt,
frei und stark,
zufrieden und glücklich.

Meine Seele erwacht,
ich kann großzügig und tolerant,
einfühlsam und hilfsbereit sein,
unendlich viel geben,
ohne ärmer zu werden.

Meine Seele erwacht,
ich will die Deine berühren.

Wir wagen es

Miteinander gehen,
zueinander stehen,
einander sein lassen,
füreinander leben.

Miteinander gehen,
auch wenn der Weg
steil und steinig,
mühsam und eng ist.

Zueinander stehen,
in guten und schönen Zeiten,
und erst recht,
wenn wir einander nicht verstehen.

Einander sein lassen,
damit wir wachsen können,
stark werden
und einander Halt geben.

Füreinander leben,
anerkennen, was ist,
damit wir immer mehr wagen zu sein,
wie wir letztlich sind.

Wir wagen es,
weil wir einander lieben,
einander vertrauen,
miteinander hoffen.

Wenn du mich ansprichst,
wage ich, wieder zu hören;

wenn du mir zuhörst,
wage ich, wieder zu sprechen;

wenn du mich ansiehst,
wage ich, wieder zu handeln;

wenn du mich berührst,
spüre ich mich neu;

wenn du bei mir bist,
wächst neues Leben.

Ich möchte dir Halt geben,
dich aber nicht festhalten;

dir Stütze sein,
dich aber nicht hemmen;

dir Hilfe sein,
dich aber nicht abhängig machen;

dir nahe sein,
dich aber nicht einengen;

dir Raum geben,
dich aber nicht überfordern;

dir Geborgenheit geben,
dich aber auch loslassen.

Ich möchte für dich so da sein,
dass du wachsen kannst.

Ich will für dich da sein

dir den Raum geben,
den du zum Wachsen brauchst;

dir feinfühlig helfen,
damit du deinen Weg findest;

dich behutsam begleiten,
damit du unterwegs bleibst;

dich immer wieder bestärken,
damit du Hindernisse angehst;

dich ermutigen,
wenn du an dir zweifelst;

mit dir anpacken,
wenn du zu schwach bist;

dir immer wieder sagen,
dass du einzigartig bist.

Deine Worte

Sonnenstrahlen,
die das Eis schmelzen;

Lichter,
die die dunkle Nacht erhellen;

Regentropfen,
die reinigend wirken;

Winde,
die angenehm kühlen;

Wegweiser,
die neue Möglichkeiten zeigen;

Schlüssel,
die verschlossene Türen öffnen;

Medikamente,
die wunderbar heilen;

Kräfte,
die mich stärken;

Geschenke,
für die ich unendlich dankbar bin.

Du bist für mich da,
kommst mir nahe,
aber lässt mir Raum,
bietest dich an,
aber drängst dich nicht auf,
sprichst mich an,
aber überredest mich nicht,
reichst mir die Hand,
aber hältst mich nicht fest,
mutest mir etwas zu,
aber überforderst mich nicht,
hörst mir zu
und akzeptierst mein Schweigen.

Du bist für mich da,
ruhig und geduldig,
nimmst dir Zeit
und lässt mir Zeit.

Du bist für mich da,
wendest dich mir zu
und begleitest mich,
freust dich, wenn ich
meinen Weg selbst finde.

Du bist für mich da,
neben dir lerne ich,
mich anzunehmen,
an mich zu glauben,
in mir Halt zu finden,
zu werden, was ich sein kann.

Du bist für mich da,
ich danke dir.

Wir sehnen uns nach Liebe, sind glücklich, wenn wir verstehen und verstanden werden. Oft erleben wir aber Begegnungen, die verunsichern oder ängstigen. Auch wenn wir uns noch so sehr bemühen, wird es Momente geben, in denen wir aneinander vorbeireden, Verhalten falsch deuten, andere verletzen oder verletzt werden. Wenn wir uns in schwierigen Situationen zurückziehen, nicht sagen, wie wir uns fühlen, schaffen wir noch mehr Unsicherheit. Wir beginnen vielleicht zu zweifeln, sind traurig, fragen uns, ob wir uns getäuscht haben.

Es ist wichtig, dass wir unsere Bedürfnisse wahrnehmen und sie auch formulieren. Oft brauchen wir nicht dasselbe wie unsere Mitmenschen. Auch können sich Bedürfnisse mit der Zeit verändern. Ein Verhalten, das wir lange Zeit geschätzt haben, kann nach und nach störend wirken. Nur wenn wir miteinander sprechen, uns immer wieder aussprechen, wird das Miteinander harmonisch bleiben. Aber dieses Gespräch fehlt oft. Man fürchtet vielleicht die Reaktion des Gegenübers. Weil sich unsere Wünsche, Bedürfnisse und Wertvorstellungen von denen anderer unterscheiden, kann es zu Meinungsverschiedenheiten, vielleicht sogar zu Konflikten kommen. Wichtig dabei ist, dass auch dann das Gespräch nicht abbricht oder zumindest bald wieder aufgenommen wird. Menschen, die jeden Konflikt vermeiden, werden auch kaum gute Kontakte haben.

Es ist ein Wagnis,
einander zu sagen,
was uns wichtig ist,
einander zu zeigen,
was uns zutiefst betrifft,
was uns freut und ärgert,
was wir brauchen und wünschen.

Auch wenn wir
die geeigneten Worte,
einen günstigen Zeitpunkt,
den richtigen Ton finden,
wissen wir nicht, wie es ankommt,
was der Andere damit macht.

Wenn wir es aber nicht wagen,
uns nicht öffnen,
nicht auf den Anderen zugehen,
verpassen wir die Möglichkeit,
Distanz zu überwinden,
Nähe zu schaffen.

Wenn wir den Schritt wagen,
die Angst überwinden,
uns zeigen wie wir sind,
kann Neues entstehen.

In der Begegnung mit dir habe ich gelernt,
auf mich selbst zu hören,
mich anzunehmen,
meine Werte zu sehen
und mich an ihnen zu erfreuen.

Seit der Begegnung mit dir wage ich mehr,
ich selbst zu sein,
selbst zu entscheiden,
meine Schwächen zuzugeben,
Grenzen zu setzen.

Durch die Begegnung mit dir
bin ich neu geworden:
gegründet in Sicherheit,
geborgen in Wohlwollen,
bereit für das Unbekannte,
stark für das Fordernde.

Du bist mir
Licht,
wenn es dunkel ist,
Wärme,
wenn ich friere,
Stärke,
wenn ich schwach bin,
Halt,
wenn ich trauere,
Linderung,
wenn ich leide.

Du bist mir Freude.
Ich danke dir.

Ganz bei dir sein
und mich finden.

Ganz bei mir sein
und dich finden.

Ganz beieinander sein
und erleben,
was dem Leben Sinn gibt.

An Widerständen wachsen
Krisen können Chancen sein

Jeder Tag ist ein Neuanfang, ist er wirklich auch eine neue Chance? Auf manche Aufgabe, manche Begegnung freuen wir uns. Wir haben Pläne und Ziele, werden vielleicht etwas zum ersten Mal tun und erleben; Neues kennenlernen, einen Menschen treffen, den wir schon lange nicht mehr getroffen haben. Viele von uns genießen es, wenn an einem Tag nichts Besonderes geplant ist, wenn sie Zeit haben, in der nichts erreicht werden muss. Es gibt viele Dinge, die unser Leben bereichern.

Es gibt aber auch Tage, an denen wir enorm gefordert werden: Wir müssen eine Prüfung ablegen, uns für oder gegen etwas entscheiden, ein schwieriges Gespräch steht an, ein Besuch beim Arzt oder eine bevorstehende Operation machen uns Angst. Diesen Forderungen müssen wir uns stellen, tun, was uns möglich ist und annehmen, wenn etwas nicht so gelingt, wie wir es wünschen. In solchen Situationen können wir lernen und wachsen. Erst im Nachhinein wird uns oft bewusst, dass Krisen auch Chancen sind.

Vieles ist nicht planbar. An keinem Morgen wissen wir, was bis zum Abend alles geschieht. Vielleicht werden wir überrascht, es passiert etwas, das wir nicht zu wünschen wagten; vielleicht lernen wir einen Menschen kennen, der unser Leben stark beeinflusst und prägt. Wir alle haben aber wahrscheinlich schon das Gegenteil erlebt: Wir sind enttäuscht worden, es ist uns ein Missgeschick geschehen, oder wir mussten von einem Menschen Abschied nehmen. In solchen Fällen sind wir froh, wenn wir Mitmenschen haben, die zu uns stehen, uns unterstützen, helfen, trösten. In Notsituationen lernen wir oft Menschen von einer ganz anderen Seite kennen, und Notsituationen anderer sind eine Gelegenheit, da wir ihnen beistehen können.

Jeder Tag ist eine neue Chance, wenn wir annehmen, was ist; einsetzen, was wir haben, füreinander da sind. Wir dürfen das Schöne genießen, sollten dafür dankbar sein; an Forderndem können wir uns bewähren und wachsen.

Auch wenn wir uns noch so sehr bemühen, unsere Tage positiv zu gestalten: Immer gelingt es nicht. Oft werden wir mit Aufgaben konfrontiert, die unsere Möglichkeiten übersteigen. Mitmenschen reagieren anders als wir erwarten, enttäuschen uns. Es geschieht ein Missgeschick, das verhindert, dass wir unsere Pläne verwirklichen können. Wir sind unachtsam, verursachen einen Unfall. Es kann aber auch sein, dass zu vieles von uns verlangt wird. Wir verpassen es, rechtzeitig Grenzen zu setzen, bringen alles durcheinander. Oft planen wir optimal, aber alles nützt nichts, weil wir krank werden, zu nichts fähig sind, alles liegen lassen müssen. Ganz schlimm ist es, und dies kommt gar nicht so selten vor, dass gleich mehrere Dinge geschehen, die uns extrem fordern, gar überfordern. „Auch das noch“, sagen wir dann, atmen tief durch und hoffen, dass es bald wieder besser wird.

Wir müssen mit Störungen rechnen. Es kann nicht alles gelingen. Wichtig ist, dass wir Schwierigkeiten frühzeitig wahrnehmen, rechtzeitig anhalten, ruhig werden, versuchen, die Situation zu überblicken, uns fragen, was ist, warum es so weit gekommen ist. Wenn wir innehalten, gelingt es uns wahrscheinlich besser, die schwierige Situation zu lösen, Möglichkeiten und Wege zu finden, wie wir das Problem beheben können. In der themenzentrierten Interaktion, dem erwachsenenbildnerischen Modell, das Ruth Cohn begründet hat, gibt es eine Regel, die sehr wichtig ist: „Störungen haben Vorrang." Sie meint damit: „Nimm Störungen wahr und ernst, versuche, sie zu beheben. Je länger du sie nicht wahrnimmst, desto größer können sie werden, desto schlimmer werden die Folgen."

Oft sind Störungen Hinweise darauf, dass etwas nicht gestimmt hat. Störungen fordern uns auf, etwas zu ändern, und meist ändern wir etwas nur, wenn das Bisherige nicht mehr funktioniert und wir gezwungen sind, andere Möglichkeiten zu suchen, neue Wege zu gehen.

Innehalten

Immer wieder lasse ich mich
drängen
vom hektischen Treiben;
verführen
von großen Versprechen;
ablenken
von betörenden Reden;
aufhalten
von unnützen Hinweisen;
blenden
von Titeln und Amtsinhabern
statt
auf mich selbst zu hören,
mir selbst zu vertrauen,
meinen Weg zu gehen.

Auch wenn du alles machst,
was du kannst,
so gut du es kannst,
so oft du magst,
manches wird nicht gelingen,
wie du es wünschest.
Dir nicht,
mir nicht,
niemandem.

Je mehr alles
geordnet,
geregelt,
festgelegt,
voraussagbar ist,
desto einfacher,
klarer,
sicherer
scheint das Leben zu sein.

Doch
ist es nicht gerade das
Unerwartete,
Überraschende,
Ungewohnte,
Störende,
das uns fordert
und Leben fördert?

Ich glaube daran,
dass immer wieder.
inmitten von Versuchungen,
Gefahren und Schwierigkeiten,
Trauer und Unsicherheit,
Neues entstehen kann.

Ich glaube daran,
dass in mir Kräfte sind,
Möglichkeiten liegen,
die noch nicht entdeckt,
nicht entfaltet,
nicht wirksam sind.

Ich will mich einsetzen,
meine Träume ernst nehmen,
wachsen lassen, was angelegt ist.

Ich will für dich da sein,
damit du nicht aufgibst,
wenn der Weg versperrt
und die Türe verschlossen;
deine Bitte überhört
und dein Vorschlag belächelt;
dein Bemühen übersehen
und dein Beitrag verachtet wird.

Gib nicht auf,
gib dich nicht auf,
vertraue
und stelle in Frage,
was du noch nie bezweifelt;
prüfe Ideen,
die du noch nie geprüft;
schmiede Pläne,
die du noch nie geschmiedet hast,
und gehe dann Wege,
die du noch nie gegangen bist.

Nicht aufgeben,
wenn manches unklar ist.

Nicht aufgeben,
wenn Wünsche nicht erfüllt,
Pläne durchkreuzt,
Ziele nicht erreicht,
Lösungen nicht gefunden werden.

Nicht aufgeben,
ruhig bleiben,
einander helfen,
miteinander planen,
füreinander da sein,
gemeinsam einen Weg suchen.

Das ist das Ziel.

Wir brauchen Menschen,

die bei uns stehen bleiben,
wenn wir nicht mehr gehen können;

die uns stützen,
wenn wir nicht mehr stehen können;

die uns tragen,
wenn wir keine Kraft mehr haben;

die für uns einen Weg bahnen,
wenn uns alles versperrt ist;

die unsere Anliegen unterstützen,
wenn wir allein zu schwach sind;

die sich für uns einsetzen,
wenn alles verloren scheint.

Wir brauchen Menschen,
die uns annehmen,
wie wir sind,
damit etwas Neues entstehen kann.

Wer wagt, gewinnt

Auf Sicherheiten verzichten,
aufbrechen,
neue Wege gehen,
auf Irrwegen reifen,
neue Möglichkeiten erproben,
Beziehungen pflegen,
sich Risiken vertrauensvoll stellen,
keine Angst vor Fehlern haben,
Hilfen annehmen,
sich fordern
und dabei entdecken,
was es heißt,
wirklich zu leben.

Aufbrechen
trotz aller Bedenken,
trotz aller Schwierigkeiten,
trotz aller Barrieren,
trotz aller Drohungen,
trotz aller Gefahren.

Trotz allem
unseren Weg gehen,
miteinander planen,
füreinander da sein,
glauben, dass Neues möglich wird.

Wenn Leben in die Jahre kommt

Vom Älterwerden

AUCH DEM ALTER WOHNT EIN ZAUBER INNE

Nicht nur jedem Anfang wohnt ein Zauber inne, wie dies der Autor Hermann Hesse sagt, sondern auch dem Alter. Es liegt an uns, dieses Zauberhafte zu entdecken, es zu kultivieren, uns daran zu freuen.

Ich genieße es, mit älteren Leuten zu sprechen, ihnen zuzuhören, wenn sie erzählen, wie es früher war; bin erstaunt, was und wie viel sie wissen, welche Weisheit in ihren Überlegungen liegt. Mich fasziniert die Ruhe und Gelassenheit, der Humor, den sie bewahrt oder gar entwickelt haben, obwohl sie viel Forderndes erlebt haben.

Manches wird mit zunehmendem Alter schwieriger, manches ist gar nicht mehr möglich. Immer wieder müssen wir Abschied nehmen von Möglichkeiten, von Menschen, die uns ganz wichtig waren. Der Dichter Rainer Maria Rilke sagt im Schlussvers seiner Duineser Elegie: „So leben wir und nehmen immer Abschied."

Auch mir geht manches zu schnell, vieles muss und will ich nicht mehr mitmachen. Ich staune über viele Errungenschaften, die für meine Enkel ganz selbstverständlich sind, auf die ich aber gut verzichten kann. Ich schätze es, viel Zeit für mich zu haben, erinnere mich gerne an vergangene Zeiten, freue mich an dem, was ich erlebt habe und bin für vieles dankbar.

Es ist mir wichtig, jeden neuen Tag ganz zu leben, ihn wirklich zu erleben, aus jedem neuen Tag einen guten Tag zu machen, was immer er mir bringt, was immer er von mir fordert.

Mir sind heute Dinge wichtig,
die ich früher kaum wahrgenommen,
ich entdecke Zusammenhänge,
die ich bisher nicht gesehen,
beschäftige mich mit Themen,
die ich zuvor umgangen,
stelle Fragen,
die ich noch nie gestellt,
freue mich an Kleinigkeiten,
die ich bisher übersehen,
und genieße manches,
das ich früher kaum beachtet habe.

Ich liebe das Alleinsein,
brauche die Stille,
damit ungestört wachsen kann,
was angelegt ist.

Ich bin dankbar für alles,
was ich erleben darf,
bin glücklich,
Menschen zu begegnen,
die nicht aufgehört haben,
zu fragen und zu staunen.

Ich merke es jeden Tag,
das Alter zeigt sich vielfältig:

Ich bin eher müde,
gehe langsamer,
brauche mehr Pausen.

Vieles interessiert mich nicht mehr,
manche Neuerung verstehe ich nicht,
vieles bleibt mir fremd.

Ich schätze ruhiges Zusammensein,
den Aufenthalt in der Natur,
das Gespräch mit guten Freunden.

Ich genieße die Alltagswunder,
das Staunen der Kinder,
die Fragen der Neugierigen,

danke, dass ich sehen und gehen,
hören und sprechen,
lesen und schreiben kann,

spüre, dass ich loslassen muss,
will jeden Tag so leben
als wäre es der letzte.

Vom Herbst lernen

loslassen,
was ich nicht mehr brauche;

frei werden,
damit Neues werden kann;

ruhen
und wieder bereit werden;

geschehen lassen,
was unvermeidlich.

Ich halte nicht mehr fest,
was vor Kurzem
noch wichtig war,
sehe ein,
dass alles vergänglich ist,
nehme an,
dass Kräfte schwinden,
und freue mich
an den Möglichkeiten,
die jeder Tag mir schenkt.
Alles,
was ich zurücklassen muss,
war nicht umsonst.
Ich glaube,
dass es Neues ermöglicht.

Wir werden älter als vor fünfzig oder hundert Jahren; es fällt uns auf, wo immer wir sind. Im Park sitzen ältere Männer und Frauen, unterhalten sich angeregt, Großeltern gehen mit ihren Enkelkindern spazieren. Verschiedene Institutionen bieten Kurse für Seniorinnen und Senioren an. In Fitnessstudios sind tagsüber nicht vor allem Männer und Frauen im besten Alter, sondern Damen und Herren mit ergrautem Haar anzutreffen, die versuchen, sich fit zu halten. Reiseanbieter haben bemerkt, dass ein neuer Markt für Senioren erschlossen werden kann. Aber die Jahre hinterlassen Spuren: Bekannte, die wir nach längerer Zeit wieder sehen, haben sich verändert. Sie sind nicht mehr so rüstig, erzählen, dass sie öfters beim Arzt gewesen sind. Manche berichten von ihrer Krankheitsgeschichte und andere freuen sich über die Tage, die ihnen geschenkt sind. Wir sprechen aber auch von Altersarmut, von jenen, die sich kaum das Nötigste leisten können.

Seit einigen Jahren bin ich nun auch im Ruhestand, werde von meinem ehemaligen Arbeitgeber als Pensionierter zu gewissen Anlässen eingeladen, staune, wie viele neue Mitarbeitende, die ich gar nicht kenne, anwesend sind. Seit vielen Jahren bin ich nicht nur Vater, sondern auch mehrfacher Großvater. Von den Enkelkindern werde ich zu Schulabschlüssen eingeladen und erlebe, dass sie vieles können, von dem ich nur sehr wenig Ahnung habe; dass andererseits vieles, das mir wichtig ist, ihnen nur wenig bedeutet. Ich freue mich, wenn sie mir erzählen, was sie erlebt haben, höre aufmerksam zu. Oft bin ich froh, wenn sie mir bei technischen Problemen helfen. Im Zusammensein mit ihnen lerne ich viel Neues.

Ich merke, wie sich auch bei mir vieles verändert hat. Vieles musste ich loslassen, und vieles durfte ich loslassen. Manche Arbeit ist zu mühsam geworden. Ich habe weniger verantwortungsvolle Aufgaben, fühle mich entlastet, sehe neue Möglichkeiten, fühle mich manchmal aber auch gedrängt, etwas leisten zu müssen. Im Gespräch mit anderen erfahre ich, dass es auch ihnen schwer fällt, sich von inneren Zwängen zu befreien, von Stimmen, die fordern: „Du müsstest doch, du könntest doch ..." Während vieler Jahre fühlten sie sich gehetzt, weil alles perfekt sein musste; weil ihnen Anerkennung und Erfolg sehr wichtig war.

Ich sehe und werte heute manches anders als damals, an vielen Aufgaben bin ich gewachsen, manches ist nicht gelungen, und vieles ist Stückwerk geblieben. Viele Erlebnisse und Begegnungen haben mein Leben bereichert.

Älter werden heißt, manches loslassen, manches zulassen. Nicht immer fällt uns das leicht, aber es gibt keine Alternative. Ich vertraue darauf, dass auch bei uns Älteren Neues möglich wird. Ich will mit offenen Sinnen unterwegs bleiben; das Positive sehen, mich freuen auf neue Erfahrungen und Begegnungen mit suchenden, offenen Menschen.

Ich kann bedauern,
dass ich vieles nicht mehr kann,
eher müde
und weniger gefragt bin,

beklagen,
dass Vertrautes verschwindet,
vieles sich schnell verändert
und mir immer mehr unverständlich ist,

jammern,
weil Sehkraft und Gehör abnehmen,
die Vergesslichkeit größer
und der Freundeskreis kleiner wird,

mich sorgen,
ob das Geld im Alter reicht,
die Enkel eine Arbeit finden
und Schwierigkeiten meistern,

mich ängstigen,
weil viele Werte in Frage gestellt werden,
vieles immer schneller gehen muss
und ich immer mehr Zeit brauche.

Ich kann aber auch das Positive zu sehen,
meine Möglichkeiten nutzen,
genießen, was heute möglich ist,
statt morgen zu bedauern,
was ich heute nicht gelebt habe.

Im Buch der Erinnerung lese ich

von Trauer und Leid,
von Sehnsucht und Hoffnungslosigkeit,
von Enttäuschungen und Misserfolgen,
von Zweifeln und Angst,
die mich enorm forderten;

aber auch
von Trost und Freude,
von Zuwendung und Unterstützung,
von Erfolgen und Anerkennung,
von Liebe und Geborgenheit,
die mich enorm förderten.

Es gab beides und keines blieb immer.
Ich lernte geduldig sein,
schwierige Zeiten aushalten,
das Positive sehen,
Hilfen annehmen
und mich freuen an dem,
was mir geschenkt wurde.

Was mit meiner Asche geschieht,
ist mir nicht wichtig.

Schön wäre es,
wenn sich jemand erinnert
an eine fördernde Begegnung,
ein wohltuendes Gespräch,
befreiendes Lachen,
eine zärtliche Berührung.

Ich will am Schluss sagen können:
Ich habe gelebt und erlebt,
meine Möglichkeiten genutzt,
meine Grenzen akzeptiert,
meinen Teil beigetragen.
Es war gut so.

Dem eigenen Stern folgen

Weihnachtlich leben

Weihnacht,
ein Ort, wo
keine Türen verschlossen,
niemand draußen bleibt,
niemand einsam ist,
niemand friert,
niemand hungern muss.

Weihnacht,
eine Zeit, da
alle sagen dürfen,
was sie denken und fühlen,
alle hören, wenn man sie braucht
alle helfen, wenn es nötig ist,
alle bereit sind, ihren Teil beizutragen.

Weihnacht,
Menschen, die aufeinander zugehen,
zueinander stehen,
miteinander arbeiten
und verantworten,
füreinander da sind,
damit alle glücklich sind.

Weihnacht,
Glück, das wir alle
jederzeit und überall
neu schaffen können
und neu schaffen müssen.

Weihnacht
ist dann und dort,
wo wir es machen wie Gott:
Menschlich sein.

Ich träume vom Menschen,
der frei ist von Angst und Not,
erfüllt von Selbstvertrauen,
offen für Begegnungen,
bereit für Gespräche.

Ich träume vom Menschen,
der den ersten Schritt wagt,
geduldig wartet,
sorgsam fördert,
behutsam fordert.

Ich träume vom Menschen,
der handelnd hilft,
verstehend gibt,
zärtlich liebt,
liebend heilt.

Ich träume vom Menschen,
wie Gott ihn gedacht hat.
Ich will aufbrechen,
unterwegs bleiben,
ihn suchen in dir und mir.

Auf neuen Wegen

Wenn wir aufeinander zugehen
und zueinander stehen,
ehrlich und echt sind,
auf Floskeln verzichten und geduldig warten,
wohlwollend zuhören und Feines beschützen,
Schwaches stärken und Trauriges gemeinsam tragen
und uns an den Erfolgen anderer freuen,
Hindernisse als Möglichkeiten sehen
und Ansätze weiterdenken,
liebevoll begleiten
und herzlich danken,
Halt geben, statt festzuhalten,
Raum lassen und ermutigen,
den eigenen Weg zu gehen,

dann wird Weihnachten.

Schweigen und Hören

Still werden und träumen:
von glücklichen Menschen,
fördernden Beziehungen,
erfülltem Leben.

Still werden und entdecken:
ungeahnte Möglichkeiten,
Wünsche und Bedürfnisse,
Freude am Leben.

Still werden und Ja sagen:
Ja zu meinen Visionen,
Ja zu meinen Grenzen,
Ja zu meinem Weg.

Still werden und Leben fördern:
das Feine wahrnehmen,
das Zarte schützen,
das Kleine wachsen lassen.

Frieden auf Erden

Das Gegeneinander aufgeben,
aufeinander zugehen,
einander zuhören und verstehen,
Vertrauen fördern,
miteinander Wege suchen
und Schwierigkeiten beheben,
füreinander da sein.

Dem Licht folgen

Immer wieder gehen Sterne auf,
die uns vom Leben erzählen,
das uns zutiefst entspricht.

Immer wieder erscheinen Engel,
die uns den Weg weisen,
der uns dem Ziel näher bringt.

Immer wieder haben wir Träume,
die uns auffordern und ahnen lassen,
wie unser Leben auch sein könnte.

Immer wieder begegnen uns Menschen.

Gemeinsam wachsen

Ich will dir zuhören,
wenn du etwas sagst;

antworten,
wenn du mich fragst;

öffnen,
wenn du anklopfst;

auf dich zugehen,
wenn du nicht mehr magst;

dich aufrichten,
wenn du niedergeschlagen bist;

dich begleiten,
wenn du es brauchst;

dir tragen helfen,
wenn du zu schwach bist;

für dich einstehen,
wenn du nicht mehr magst;

nicht nur geben,
wenn du es brauchst.

Ich will für dich da sein.

Wenn wir

auf jene zugehen,
die sonst umgangen,

jenen zuhören,
die oft überhört,

mit jenen sprechen,
die nicht angesprochen,

jene beachten,
die selten beachtet werden,

jenen geben,
die das Nötigste nicht haben,

haben wir Weihnachten verstanden,
ermöglichen wir neues Leben.

Wege nach innen

In diesen Tagen

Lärm und Hast meiden,
still werden,
auf die Stimme des Herzens hören;

Unnötiges liegen lassen,
bereit werden für das,
was wesentlich ist;

Forderungen kritisch prüfen,
sagen und tun,
was mir entspricht;

daran glauben,
dass jetzt entdeckt werden kann,
was bisher nicht leben konnte.

Finde den Ort

Vielleicht geht dir
in der Mitte der Nacht ein Licht auf.

Vielleicht hörst du unverhofft
eine neue Botschaft

Vielleicht ahnst du plötzlich,
dass Friede auf Erden denkbar ist.

Vielleicht erfährst du schmerzhaft,
dass du Altes zurücklassen musst.

Vielleicht spürst du,
dass sich etwas verändern wird.

Vielleicht wirst du aufgefordert,
aufzustehen und aufzubrechen.

Schweige und höre,
sammle Kräfte und brich auf,
damit du den Ort findest,
wo neues Leben möglich ist.

Wach sein

Wach sein,
das Leise hören,
das Kleine sehen,
das Feine spüren,
das Zarte pflegen.

Wach sein,
einen Schritt wagen,
die Hand anbieten,
liebevoll fördern,
behutsam fordern.

Wach sein,
Neues entdecken.

Neuer Anfang

Jetzt ist es Zeit für einen Neuanfang.
Ich will wahrnehmen, was ist,
mich erinnern, was war,
mir vorstellen, was sein wird.

Ich will mich aufmachen,
klären, was ungewiss,
annehmen, was war,
Neues wagen.

Ich bin bereit.

Meinen Weg suchen,
jeden Tag von Neuem
mit all meinen Möglichkeiten
trotz aller Schwierigkeiten.

Meinen Weg akzeptieren,
auch wenn andere es leichter haben,
auch wenn es mich enorm fordert
und ich manches nicht verstehe.

Meinen Weg gehen,
auch wenn er steil und steinig ist,
auch wenn Hindernisse es erschweren
und ich ganz alleine bin.

Auf meinem Weg bleiben,
trotz aller Versuchungen
mir selbst treu bleiben.

Geheimnis des Lebens

Wir werden uns
im Stall zu Bethlehem finden:

wenn wir aufbrechen
und auf Vorurteile verzichten,

trotz Ablehnung und Widerständen
unterwegs bleiben,

das Laute meiden
und das Feine wahrnehmen,

an das Gute glauben
und Vertrauen schenken,

die Hand anbieten
und liebevoll begleiten,

wenn wir wagen,
zärtlich und liebevoll zu sein,
einfach menschlich,
mit Ecken und Kanten.

Wir werden Bethlehem nicht finden,

wenn wir sagen, was andere sagen,
obwohl wir es anders sehen;

wenn wir tun, was andere tun,
obwohl es für uns nicht stimmt;

wenn wir gehen, wohin andere gehen,
weil es bequemer ist.

Wenn wir aber unseren Weg gehen,
vielleicht alleine und mühsam;

unsere Aufgaben lösen,
vielleicht nur fehlerhaft und unvollständig;

unsere Möglichkeiten einsetzen,
auch wenn es nur wenige sind;

auf unsere Mitmenschen zugehen,
verstehen und Anteil nehmen,

werden wir das Ziel erreichen.

Vom Wirt lernen

Wenn wir hören,
dass jemand bei uns anklopft;

wenn wir öffnen,
die Not sehen,

uns Zeit nehmen,
geduldig zuhören,

anbieten, was wir haben,
auch wenn es wenig ist;

helfen, so gut wir können,
auch wenn es mehr brauchte,

schaffen wir Vertrauen,
ermöglichen wir Neues.

Nimm mich auf

Nur wenn ich
aufgenommen und angenommen,
gehört und gesehen,
anerkannt und verstanden werde,

nur wenn du
mir Raum gibst und dir Zeit nimmst,

wage ich neue Schritte.

Was zählt

In dieser Welt, die reich ist an

Worten, die verunsichern,
Blicken, die verletzen,
Gesten, die täuschen,
Hilfen, die hilflos machen,
Schlagzeilen, die erschlagen,
Vorschlägen, die blenden,
Hinweisen, die verführen,
brauchen wir Menschen,

Menschen,
auf die wir zählen können.

Weihnachtlich leben

Starke und Schwache,
Alte und Junge,
Weiße und Schwarze,
Gesunde und Kranke,
Progressive und Konservative,
Sichere und Unsichere
sitzen am gleichen Tisch,
reichen einander das Brot,
essen miteinander,
sprechen miteinander
und versuchen,
einander zu verstehen.

Ich möchte dir Engel sein,
damit du wieder wagst
zu hören, wenn jemand anklopft;
zu sehen, wenn jemand Hilfe braucht;
zu sagen, was dir wichtig ist;
zu tun, was du kannst.

Ich möchte dir Engel sein,
damit du deinen Weg gehst,
besonnen und verantwortungsvoll;
annimmst und gibst,
bist, wie du zutiefst bist:
einmalig und einzigartig.

Oft braucht es nicht viel

Ein bisschen Zeit,
ein gutes Wort,
eine einladende Geste,
ein gütiger Blick,
eine offene Hand
können die Türe öffnen:
Verzagten Hoffnung,
Ängstlichen Mut,
Ratlosen Halt,
Traurigen Freude machen.

Mit ganz wenig
können wir viel Gutes tun.

Einander Engel sein

Der Engel ist dir nahe,
er hat kein weißes Gewand,
keine Flügel.

Vielleicht begegnet er dir
im Zuhörer – der kritische Fragen stellt,
im Nachbarn – der Zweifel anmeldet,
im Kind – das deine Geduld strapaziert,
im Behinderten – der dich um etwas bittet,
in der Kollegin – die deinen Vorschlag ablehnt,
im Vorgesetzten – der deine Pläne durchkreuzt,
in der Nacht – wenn du nicht schlafen kannst,
in der Arbeit – wenn dir etwas nicht gelingt,
in der Stimme – die dich auffordert:

Sei du selbst!

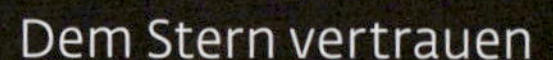

Dem Stern vertrauen

Unterwegs bleiben,
dem Ziel entgegen,
mit dem Glauben, der uns leitet,
mit der Hoffnung, die uns stärkt,
und der Liebe, die uns trägt.

Unterwegs bleiben,
trotz vieler Zweifel,
trotz vieler Mühen,
trotz vieler Widerstände.

Unterwegs bleiben,
dem Stern folgen,
immer wieder still werden
und ehrfürchtig danken
für das Leben.

Was kommt auf uns zu?

Vielleicht
Aufgaben, die uns enorm fordern;
Fragen, die sich uns noch nie gestellt haben;
Wünsche, die wir nicht erfüllen können;
Ansichten, die uns verunsichern;
Entscheidungen, die wir nicht verstehen;
Situationen, da wir nicht mehr ein und aus wissen;
Menschen, die uns brauchen.

Vielleicht aber auch
Hilfen, an die wir gar nicht denken;
Ideen, die wir noch nie gehabt haben;
Lösungen, die Neues ermöglichen;
Anforderungen, die uns weiter bringen;
Begegnungen, die vieles verändern;
Reaktionen, die uns überraschen;
Menschen, die uns helfen.

Wir wissen es nicht,
und das ist gut so.
Wichtig ist,
dass wir annehmen, was ist,
geben, was wir haben,
tun, was wir können,
sein, wie wir sind,
leben und Leben ermöglichen.

Wir können zum Frieden beitragen,

wenn wir uns einsetzen,
damit alle haben, was sie brauchen;

verstehen,
dass manches nicht gelingt;

begreifen,
dass Fehler und Mängel unvermeidbar sind;

helfen,
wenn jemand leidet;

bekämpfen,
was Leben behindert;

vergeben,
obwohl es uns schwer fällt;

befreien,
was eingeengt und gefangen ist.

Wir können zum Frieden beitragen,
neues Leben ermöglichen.

Ich will leben,
versuchen echt und ehrlich zu sein.

Ich will mich einsetzen,
trotz aller Bedenken,
trotz aller Schwierigkeiten,
trotz aller Beschränkungen,
trotz aller Gefahren,
trotz aller Drohungen.

Ich will mich einsetzen,
meinen Teil beitragen,
verantwortlich sein,

damit durch mich
die Angst kleiner,
das Vertrauen größer,
die Freude strahlender,
die Liebe wärmer,
der Friede beständiger,
die Welt besser wird.

Lieferbare Titel von Max Feigenwinter im Verlag am Eschbach:
Einander Engel sein ISBN 978-3-86917-565-2
Deine Spur in meinem Herzen ISBN 978-3-86917-587-4
Sei du selbst ISBN 978-3-86917-611-6
Den Jahren mehr Leben geben ISBN 978-3-86917-693-2
Auf dem Weg nach Weihnachten ISBN 978-3-86917-830-1
Jeder Tag ist eine Chance ISBN 978-3-86917-839-4
Weihnachtlich leben (große Ausgabe) ISBN 978-3-86917-855-4
Weihnachtlich leben (kleine Ausgabe) ISBN 978-3-86917-860-8
An Widerständen wachsen ISBN 978-3-86917-951-3
Ein Licht für den Frieden entzünden ISBN 978-3-98700-003-4

Textnachweis:
Fast sämtliche hier zusammengestellten Texte sind Büchern entnommen, die im Verlag am Eschbach erschienen sind.

Folgende Texte sind aus: Max Feigenwinter, Behutsam achten das Ich und das Du, Topos Taschenbuch, © 2016 Matthias Grünewald Verlag, Verlagsgruppe Patmos in der Schwabenverlag AG, Ostfildern:
Ich kann sehen (S. 42)
Wir wagen es (S. 76)
Wenn du mich ansprichst (S. 77)

Bildnachweis:
shutterstock / Krivosheev Vitaly (Umschlag), iStock / borchee (S. 2/3), iStock / Andyworks (S. 8/9, 16/17, 38/39, 49), iStock / ThomasVogel (S. 22/23, 30/31), plainpicture / KuS (S. 56/57), iStock / Irina Shilnikova (S. 72/73, 78), iStock / ipopba (S. 86/87, 99), iStock / ooyoo (S. 100/101), Irk Boockhoff / photocase.de (S. 112/113, 123, 132).

Verlagsgruppe Patmos in der Schwabenverlag AG, Ostfildern
Im Alten Rathaus/Hauptstraße 37
D-79427 Eschbach/Markgräflerland

www.verlag-am-eschbach.de

Gesamtgestaltung: Angelika Kraut, Verlag am Eschbach
Kalligrafie: Ulli Wunsch, Wehr
Herstellung: Graspo CZ a.s., Zlín
Hergestellt in Tschechien
ISBN 978-3-98700-033-1

Gedruckt auf Nautilus classic – ein 100 Prozent recyceltes Papier aus 100 Prozent Altpapier – ausgezeichnet mit dem blauen Umweltengel, EU Ecolabel und FSC-zertifiziert. Näheres zur Nachhaltigkeitsstrategie der Verlagsgruppe Patmos auf unserer Website www.verlagsgruppe-patmos.de/nachhaltig-gut-leben

Dieser Baum steht für Erhaltung unserer natürlichen Lebensgrundlagen: klimaneutrale Produktion, umweltschonende Ressourcenverwendung und nachhaltige Herstellung. Individuell und mit Liebe gemacht.

Über den Autor:
Max Feigenwinter, geboren 1943, war Didaktiklehrer, Erwachsenenbildner und lange Zeit tätig als Leiter des Lehrerseminars Sargans (Schweiz). Er ist Autor mehrerer Nachdenk-Bücher sowie pädagogischer und unterrichtspraktischer Fachbücher. Weitere Informationen zum Autor finden Sie unter www.maxfeigenwinter.com

Bibliografie Max Feigenwinter von 1993 bis 2023 im Verlag am Eschbach:

Dieser Tag ist dir geschenkt. Eine Wegbegleitung

Lass dir Zeit. Eine Einladung zum Verweilen

Worte können Wunder wirken. Biblische Inspirationen

Einander Frieden bringen. Leben aus der Weihnachtshoffnung

Miteinander unterwegs. Adventskalender

Aufstehen und leben. Biblische Inspirationen

Bunte Herbstfarben wünsch ich dir

Dem Glück auf der Spur. Inspirationen zur Bergpredigt

Wag deinen Weg

Wurzeln spüren, Neues wagen

Nimm jeden Tag als Geschenk

Einfach gelassen bleiben

Nimm den Stern, er liegt in dir. Adventskalender

Keiner ist perfekt … und das macht uns so sympathisch

Weihnachtlich werden

Keiner ist eine Insel – und das ist unsere Chance

Berührung geht unter die Haut. Nähe suchen, Heilung finden

Einander Engel sein. Weihnachtliche Entdeckungen

Deine Spur in meinem Herzen. Trost in Tagen der Trauer

Sei dir gut. Achtsam leben – dankbar sein

Sei du selbst

Den Jahren mehr Leben geben. Loslassen, zulassen, Neues wagen im Alter

Zeit der Sehnsucht, Zeit der Wünsche. Auf dem Weg nach Weihnachten

Auf dem Weg nach Weihnachten. Entdeckungen an der Krippe

Jeder Tag ist eine Chance. Worte der Zuversicht

Weihnachtlich leben. Adventskalender

An Widerständen wachsen. Und Ja zum Leben sagen

Ein Licht für den Frieden entzünden. Lob der Menschlichkeit